Somma

Un poster à détacher au milieu du livret

Les enfants et leur catéchiste vivent trois rencontres. La dynamique du carnet KT « Dieu et la souffrance » les invite à partager, écouter, prier, jouer, chanter...

En équipe

Rencontre 1

Les enfants reconnaissent que la souffrance fait partie de notre condition humaine. Ils distinguent différentes formes de souffrance et partagent leurs questions.

Ils découvrent et intériorisent le cri de souffrance du psaume 142. Ils confient leurs questions, leurs doutes, leur espérance à Dieu dans la prière à l'aide du psaume.

Rencontre 2

Les enfants observent Jésus face à la souffrance du lépreux dans l'Évangile de Matthieu (Mt 8, 1-4). Ils découvrent que Jésus guérit, réconforte, se fait proche de toute souffrance.

À travers sa passion, les enfants perçoivent que Jésus rejoint l'homme au cœur de sa souffrance.

Rencontre 3

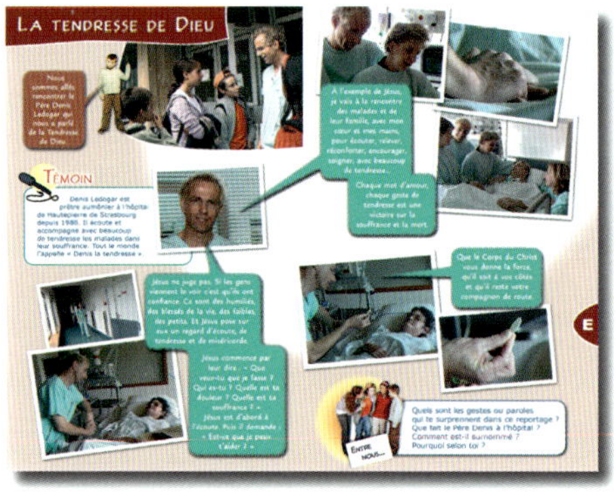

Les enfants écoutent le témoignage du Père Denis Ledogar, aumônier à l'hôpital. Ils découvrent qu'un chrétien, à l'image du Christ, doit se faire proche de ceux qui souffrent.

Les enfants sont invités à repérer de quelles manières ils peuvent combattre la souffrance et se faire proches de ceux qui souffrent. Ils demandent l'aide de Dieu dans cette démarche.

Parents

Pour les parents sur le DVD :

- *Présentation de l'itinéraire de l'enfant.*
- *Invitation à lire le texte : Mt 8, 1-4*
- *Éclairage et pistes de réflexion proposés par Véronique Margron, doyen de la faculté de théologie de l'Université Catholique de l'Ouest et témoignage du Père Denis Ledogar, aumônier à l'hôpital de Hautepierre à Strasbourg.*

Internet

www.les-nathanael.com

- *Découvrir un reportage sur le sacrement des malades.*
- *Réaliser une carte à offrir à une personne qui souffre.*
- *Écrire un psaume.*
- *Retrouver les attitudes pour combattre la souffrance.*

Le CD-DVD (prières en famille, courts-métrages Nathanaël, chant), le bricolage et le site internet peuvent susciter un dialogue et des questions en famille sur :

- **la souffrance,**
- **la passion et la résurrection de Jésus,**
- **les attitudes chrétiennes face à la souffrance.**

Bricolage

« La croix de Jésus »

Les enfants, aidés de leurs parents, coulent du plâtre dans un moule en forme de croix. Puis ils peignent les scènes de la vie de Jésus pré-dessinées sur la croix.

En famille

En paroisse

Les enfants et leur famille sont invités à rejoindre la communauté paroissiale pour partager un temps de rencontre intergénérationnelle, prier et célébrer.

Rencontre – KT-Dimanche

En petits groupes, les membres de la communauté chrétienne réfléchissent à partir de questions sur la souffrance : quelles sont mes attitudes face à la souffrance ? Comment la souffrance interroge ma foi ?

La communauté visionne le témoignage du Père Denis Ledogar, aumônier à l'hôpital de Hautepierre à Strasbourg. En groupe, les membres de la communauté partagent leurs réactions et repèrent les différentes attitudes chrétiennes face à la souffrance.

Chacun des groupes écrit une prière universelle pour la célébration eucharistique.

Célébration

Les enfants sont invités à vivre, avec leur famille, les temps liturgiques de la semaine sainte et du temps pascal.
Ils peuvent participer également à une célébration communautaire du sacrement des malades.

...

Service d'Église

Le carnet KT permet de rencontrer l'aumônier d'un hôpital. C'est l'occasion d'inviter une personne de la pastorale de la santé pour témoigner de ce qu'elle vit.

Rencontre Catéchistes

Objectifs :

- Découvrir et s'approprier le carnet « Dieu et la souffrance ».
- Partager en équipe les questions que suscitent la souffrance, les regards sur Jésus et les solidarités avec ceux qui souffrent.
- Observer, méditer et prier le texte où Jésus guérit un lépreux (Mt 8, 1-4).

1 Découverte de l'itinéraire

DVD CATÉCHISTE — DÉCOUVERTE DE L'ITINÉRAIRE — 2:44

Une présentation est faite soulignant les visées catéchétiques du carnet (reprise des pages 2 et 3 du livret catéchiste).

2 Des questions à partager

1. Lire le texte « Dynamique du carnet ».

DYNAMIQUE DU CARNET

Les informations télévisées, la presse, la radio et le web se font les échos de souffrances proches ou lointaines. La souffrance est universelle. Elle est un scandale qui suscite la révolte, l'incompréhension voire la négation de Dieu. Toute personne marquée par la souffrance crie vers Dieu : « pourquoi ? »

> Quelles réactions suscite en nous la souffrance, la nôtre et celle des autres ?

Jésus ne supprime pas la souffrance ni ne l'explique. Mais il se fait solidaire de ceux qui souffrent. Il touche, guérit, ressuscite. Il dit par ses paroles et ses actes, la tendresse et la proximité de Dieu pour toute personne souffrante. Pour lui-même, Jésus n'évite pas la souffrance. Le don de sa vie passe par la souffrance de sa passion qui « concentre toute la souffrance humaine possible, depuis la trahison jusqu'à l'abandon de Dieu » (VTB p.1254)

> Comment regardons-nous l'attitude de Jésus face à la souffrance ?

À l'exemple du Christ, les chrétiens ne sont pas épargnés par la souffrance personnelle. Ils sont appelés à la vivre dans la foi. Cette dimension n'est pas abordée directement avec les enfants. Ils sont appelés aussi à lutter contre la souffrance et à être solidaires de ceux qui souffrent. Cette solidarité se vit de différentes manières : une présence attentive, des paroles de soutien et de réconfort, des gestes de tendresse... Autant d'actes qui témoignent de la présence et de l'amour de Dieu.

> Atteints par la souffrance, comment la vivons-nous dans la foi ? Comment sommes-nous solidaires de ceux qui souffrent ?

2. Échanger, partager, débattre à partir de chacune des questions.

DVD CATÉCHISTE — CHEMINER POUR TÉMOIGNER — 4:49

Véronique Margron, doyen de la faculté de théologie de l'Université Catholique de l'Ouest, apporte un éclairage sur les questions posées.

3. Réagir aux interventions de Véronique Margron.

3 À l'écoute de la Parole de Dieu

Cette étape est un temps de dialogue personnel et en équipe avec la Parole de Dieu. Ce n'est pas un temps de débat. L'écoute de chacun fait résonner la Parole de Dieu et nourrit la découverte personnelle du texte.

1. **J'observe** :
   - Écouter une première fois le texte (Mt 8, 1-4) sans l'avoir sous les yeux.
   - Individuellement, relire lentement le texte. Souligner les mots ou expressions qui « accrochent ».
   - À tour de rôle, lire les mots ou phrases soulignés sans commentaire.
2. **Je médite** :
   - Écouter une seconde fois le texte (en changeant de lecteur).

   Laisser la Parole vous habiter, rejoindre votre vie aujourd'hui : que vous dit-elle ?

   - À tour de rôle, partager en quelques phrases, où chacun dit « je », le fruit de sa méditation.
3. **Je prie** :
   - Écouter une troisième fois le texte en changeant de nouveau de lecteur.
   - Individuellement à partir de son observation/méditation et enrichi des partages, écrire une prière avec ses mots.

PAROLE DE DIEU

1 Comme il descendait de la montagne, de grandes foules le suivirent.

2 Voici qu'un lépreux s'approcha et, prosterné devant lui, disait : « Seigneur, si tu le veux, tu peux me purifier. »

3 Il étendit la main, le toucha et dit : « Je le veux, sois purifié ! » À l'instant, il fut purifié de sa lèpre.

4 Et Jésus lui dit : « Garde toi d'en dire mot à personne, mais va te montrer au prêtre et présente l'offrande que Moïse a prescrite : ils auront là un témoignage. »

Mt 8, 1-4 (TOB)

PRIÈRE

4 Prier

1. Préparer le cadre du temps de prière : mettre un fond musical, ouvrir une bible, allumer une bougie, installer une icône...
2. Introduire la prière : « *Rassemblés en ton nom, Seigneur, nous venons de vivre ce temps de préparation pour être tes témoins. C'est Toi qui nous envoies pour accueillir les enfants et annoncer Ta Parole.* »
3. Chacun, s'il le souhaite, partage sa prière. Puis dire ensemble le « Notre Père ».

CD DVD CHANT : « Compagnons de tendresse » 2:14

Transmettre la foi de l'Église

MALADIE ET SOUFFRANCE

Art. 1500 - La maladie et la souffrance ont toujours été parmi les problèmes les plus graves qui éprouvent la vie humaine. Dans la maladie, l'homme fait l'expérience de son impuissance, de ses limites et de sa finitude. Toute maladie peut nous faire entrevoir la mort.

Art. 1501 - La maladie peut conduire à l'angoisse, au repliement sur soi, parfois même au désespoir et à la révolte contre Dieu. Elle peut aussi rendre la personne plus mûre, l'aider à discerner dans sa vie ce qui n'est pas essentiel pour se tourner vers ce qui l'est. Très souvent, la maladie provoque une recherche de Dieu, un retour à Lui.

« Le Christ non seulement se laisse toucher par les malades, mais il fait siennes leurs misères »

Art. 1503 - La compassion du Christ envers les malades et ses nombreuses guérisons d'infirmes de toute sorte (cf. Mt 4, 24) sont un signe éclatant de ce « que Dieu a visité son peuple » (Lc 7, 16) et que le Royaume de Dieu est tout proche. Jésus n'a pas seulement pouvoir de guérir, mais aussi de pardonner les péchés (cf. Mc 2, 5-12) : il est venu guérir l'homme tout entier, âme et corps ; il est le médecin dont les malades ont besoin (cf. Mc 2, 17). Sa compassion envers tous ceux qui souffrent va si loin qu'il s'identifie avec eux : « J'ai été malade et vous m'avez visité » (Mt 25, 36). Son amour de prédilection pour les infirmes n'a cessé, tout au long des siècles, d'éveiller l'attention toute particulière des chrétiens envers tous ceux qui souffrent dans leur corps et dans leur âme. Elle est à l'origine des efforts inlassables pour les soulager.

Art. 1504 - Souvent Jésus demande aux malades de croire (cf. Mc 5, 34. 36 ; 9, 23). Il se sert de signes pour guérir : salive et imposition des mains (cf. Mc 7, 32-36 ; 8, 22-25), boue et ablution (cf. Jn 9, 6 s). Les malades cherchent à le toucher (cf. Mc 1, 41 ; 3, 10 ; 6, 56) « car une force sortait de lui qui les guérissait tous » (Lc 6, 19). Ainsi, dans les sacrements, le Christ continue à nous « toucher » pour nous guérir.

Art. 1505 - Ému par tant de souffrances, le Christ non seulement se laisse toucher par les malades, mais il fait siennes leurs misères : « Il a pris nos infirmités et s'est chargé de nos maladies » (Mt 8, 17 ; cf. Is 53, 4). Il n'a pas guéri tous les malades. Ses guérisons étaient des signes de la venue du Royaume de Dieu. Ils annonçaient une guérison plus radicale : la victoire sur le péché et la mort par sa Pâque. Sur la Croix, le Christ a pris sur lui tout le poids du mal (cf. Is 53, 4-6) et a enlevé le « péché du monde » (Jn 1, 29), dont la maladie n'est qu'une conséquence. Par sa passion et sa mort sur la Croix, le Christ a donné un sens nouveau à la souffrance : elle peut désormais nous configurer à lui et nous unir à sa passion rédemptrice.

Catéchisme de l'Église catholique

DIEU ET

Lire un texte biblique

PRIER LES PSAUMES EN TEMPS DE DÉTRESSE

Quand tout va mal, quant tout fait mal, on n'a pas la tête à bien organiser les mots de la prière. Les cris jaillis d'un cœur souffrant sont sans grande cohérence.

Tels que la prière d'Israël nous les a transmis, les psaumes de détresse sont des cris. Cependant on peut retrouver en chacun d'eux une cohérence. Ils proposent en effet cinq types de parole, cinq attitudes de prière qui dessinent le mouvement d'un être qui se tourne vers Dieu dans le malheur.

NOMMER, EXPOSER

Sans exception, on commence par nommer celui à qui je m'adresse : « Dieu » (Ps 69, 2), ou bien « Le Seigneur » (Ps 6, 2), ou encore « Mon Dieu, mon Dieu » (Ps 22, 2). C'est important de poser devant soi la personne à qui l'on s'adresse, et puis une telle invocation permet de reprendre souffle avant d'épancher son cœur.

Important aussi d'exposer ce qui m'arrive. Le psalmiste prend le temps de raconter les malheurs qui l'assaillent, la crise qu'il est en train de vivre : « le chagrin me ronge les yeux, la gorge et le ventre » (Ps 31, 10), « je m'enlise dans un bourbier sans fond... Ils sont plus nombreux que les cheveux de ma tête ceux qui me détestent sans motif » (Ps 69, 3 et 5), « ...crainte et tremblement me pénètrent... » (Ps 55, 5-6). De plusieurs types sont les malheurs qui provoquent la crise. Il y a ce qui est de l'ordre de la maladie, où le corps est atteint et souffre. Et il y a ce qui est de l'ordre de l'inimitié, souffrance morale due à la rupture grave des relations proches et amicales. Très souvent, plusieurs malheurs viennent ensemble, comme s'ils s'accumulaient sur la tête du psalmiste. Mystère du mal, qui attire le mal.

RETROUVER CONFIANCE, DEMANDER, ESPÉRER

Le troisième type de parole, c'est trouver, des motifs de confiance : « C'est toi mon roc et ma forteresse » (Ps 31, 4). La mémoire et le souvenir du temps passé sont des points d'appui pour la confiance : « En toi que nos pères espéraient, ils espéraient et tu les délivrais » (Ps 22, 5). Ou encore l'expérience de la foi : « Le Seigneur exauce les pauvres, il ne rejette pas les siens quand ils sont captifs » (Ps 69,34).

Viennent alors les demandes : « Sauve-moi » (Ps 69,2). « Viens me délivrer, Seigneur... » (Ps 70, 2). « Prête l'oreille à ma prière, fais attention à moi et réponds-moi » (Ps 55, 2-3). Elles jaillissent comme un cri du cœur, et en même temps elles s'appuient sur tout ce que la prière a déjà dit : celui à qui je m'adresse, ce qui m'arrive, les motifs de confiance.

Enfin la prière de détresse manifeste souvent une sorte d'ouverture vers l'avenir, sous la forme d'un vœu : « Je pourrai louer le nom de Dieu par un chant et le magnifier par des actions de grâce » (Ps 69,31). Celui qui est dans la détresse espère surtout qu'elle ne dure pas, le vœu ouvre avec confiance vers le temps d'après la délivrance.

Jean-Marie CARRIÈRE

Article extrait des Dossiers de la Bible n°87
Éditions du Cerf (2001)
p. 13

Tradition vivante

QUESTION SUR LE SENS DE LA SOUFFRANCE

Au cœur de toute souffrance éprouvée par l'homme, et aussi à la base du monde entier des souffrances, apparaît inévitablement la question : pourquoi ? C'est une question sur la cause, la raison ; c'est en même temps une question sur le but (pour quoi ?) et, en définitive, sur le sens.

Non seulement elle accompagne la souffrance humaine, mais elle semble aller jusqu'à en déterminer le contenu humain, ce pour quoi la souffrance est à proprement parler une souffrance humaine.

Évidemment, la douleur, spécialement la douleur physique, est largement répandue dans le monde des animaux. Mais seul l'homme, en souffrant, sait qu'il souffre et se demande pour quelle raison ; et il souffre d'une manière humainement plus profonde encore s'il ne trouve pas de réponse satisfaisante. C'est là une question difficile, comme l'est cette autre question, très proche, qui porte sur le mal. Pourquoi le mal ? Pourquoi le mal dans le monde ? Quand nous posons le problème de cette façon, nous posons toujours aussi, du moins dans une certaine mesure, une question sur la souffrance.

« Seul l'homme, en souffrant, sait qu'il souffre et se demande pour quelle raison »

Ces questions sont l'une et l'autre difficiles, quand l'homme les pose à l'homme, les hommes aux hommes, et aussi quand l'homme les pose à Dieu. L'homme, en effet, ne pose pas cette question au monde, bien que la souffrance lui vienne souvent de lui, mais il la pose à Dieu comme Créateur et Seigneur du monde. Et l'on sait bien que, sur ce terrain, non seulement on arrive à de multiples frustrations et conflits dans les rapports de l'homme avec Dieu, mais il peut se faire aussi que l'on arrive à la négation même de Dieu. Si, en effet, l'existence du monde ouvre pour ainsi dire le regard de l'âme humaine à l'existence de Dieu, à sa sagesse, sa puissance et sa magnificence, le mal et la souffrance semblent obscurcir cette image, parfois de façon radicale, et plus encore lorsqu'on voit le drame quotidien de tant de souffrances sans qu'il y ait eu faute, et de tant de fautes sans peines adéquates en retour. Aussi cette situation — plus qu'aucune autre peut-être — montre-t-elle combien importe la question du sens de la souffrance et avec quelle acuité il faut examiner la question elle-même et toute réponse possible.

Jean-Paul II, 11 février 1984

Lettre Apostolique « Salvifici Doloris »

LA SOUFFRANCE

Accompagner les enfants

LA SOUFFRANCE CHEZ L'ENFANT

La souffrance chez un enfant de 8 à 11 ans est d'abord celle de son environnement immédiat.

La sienne s'articule surtout, aujourd'hui, autour de la notion de manque. Cela peut-être le manque d'un parent ou grand-parent (maladie, accident, décès), le manque de repères, le manque de confiance, le manque d'amis, le manque de réussite ou de gratification. La souffrance d'un de ses parents, il peut la porter comme la sienne, sans pouvoir rien en dire notamment dans la maladie ou la maladie mentale.

Ensuite vient la souffrance de l'autre, camarades d'école, par exemple, auxquels il peut s'identifier : handicap, divorce, deuil, exils... La notion d'identification est fondamentale, c'est elle qui engendre les possibilités de compassion et d'empathie.

« La souffrance chez un enfant de 8 à 11 ans est d'abord celle de son environnement immédiat »

L'esprit humain met en place des défenses qui lui permettent de ne pas être trop affecté et donc de supporter le malheur d'autrui : c'est la « mise à distance ». Elle est nécessaire à la survie et évite les traumatismes répétés.

Il est cependant important de ne pas trop confronter les enfants à des approches ou images trop directes de la souffrance (informations : faits divers, guerres...)

Par Eglantine STOCKLIN,

Psychologue

LIEN INTERNET / BIBLIOGRAPHIE

- Lettre apostolique « SALVIFICI DOLORIS » JEAN-PAUL II, 11 février 1984 (http://www.vatican.va/phome_fr.htm)
- Cahiers Évangile n° 13 « Pour prier les psaumes », M. Mannati, Service Biblique Catholique Évangile et vie, Éditions du Cerf.
- Cahiers Évangile n° 53 « Job », M. Mannati, Service Biblique Catholique Évangile et vie, Éditions du Cerf.

Rencontre 1

pp. A-B et 1-2

Objectifs :

- Repérer différentes souffrances présentes dans notre monde ou dans nos vies.
- Méditer et confier sa souffrance à Dieu avec le psaume 142.

La souffrance humaine recouvre des dimensions et des réalités extrêmement variées. Il est impossible de les hiérarchiser ou de les mesurer. On peut tenter de distinguer souffrance physique et souffrance morale.

« Cette distinction se fonde sur la double dimension de l'être humain, et elle désigne l'élément corporel et spirituel comme le sujet immédiat ou direct de la souffrance. Dans la mesure où l'on peut, jusqu'à un certain point, employer comme synonymes les mots "souffrance" et "douleur", il y a souffrance physique lorsque "le corps fait mal" d'une façon ou d'une autre, tandis que la souffrance morale est une "douleur de l'âme". »

(Lettre Apostolique « Salvifici Doloris » Jean-Paul II)

Le psaume 142 exprime la souffrance physique et morale du psalmiste. Ce dernier crie sa souffrance mais ne se décourage pas. Il se tourne avec confiance vers Dieu : « C'est Toi mon asile, ma part sur la terre des vivants ! »

Découvrir ensemble le carnet : le titre et la photo de la couverture.
Grâce aux questions du verso, présenter les thèmes abordés.

A — La souffrance autour de nous

DVD LA SOUFFRANCE 2:06
Les « Nathanaël » évoquent les différentes souffrances que l'homme peut subir.

1. Observer les images et lire les titres. Laisser réagir les enfants.
2. ENTRE NOUS... Lancer l'échange autour de la question : quelles souffrances voyons-nous autour de nous ?

1 — Souffrance physique et morale

1. Recomposer la définition d'une souffrance physique et d'une souffrance morale en trouvant les quatre mots cachés.

   <u>Réponses</u> :
   - La souffrance physique : douleur qui atteint le corps.
   - La souffrance morale : peine qui atteint le cœur.

2. Pour chacun des titres, colorier une case s'il s'agit d'une souffrance physique ou d'une souffrance morale, deux cases si les deux souffrances sont présentes. Des réponses différentes au sein de l'équipe peuvent susciter débat et dialogue.
3. Placer à coté des titres de journaux page A, les autocollants sur l'origine de la souffrance *(Échanger suite au placement libre des autocollants).*
   Chercher deux ou trois autres exemples pour chaque catégorie.
4. Individuellement chaque enfant entoure 1 ou 2 mots qui expriment comment il réagit à la souffrance.
5. ENTRE NOUS... Échanger autour des questions : quelles questions te posent la souffrance ? Quelles questions aimerais-tu poser à Dieu face à la souffrance ?

B — Je crie vers le SEIGNEUR

DVD SOUFFRIR 2:06
Natacha est malade. La souffrance est une mauvaise expérience. Elle se pose la question du sens de la souffrance.

1. Lire le psaume 142. (Catéchiste)

2 — À l'écoute de la Parole de Dieu

1. **J'observe** : Souligner en rouge dans le psaume les plaintes de l'auteur. Souligner en bleu dans le psaume ses raisons d'espérer.
   Inviter les enfants à dire les mots qu'ils ont soulignés.
2. **Je médite** : Lire une deuxième fois le psaume. (Un enfant)
   Demander aux enfants de s'interroger sur : quels sont les cris que tu souhaiterais adresser à Dieu ? Quelles sont tes raisons de compter, d'espérer en Dieu quand les choses vont mal ?
   Demander aux enfants d'écrire leur cri à Dieu page 6 dans l'espace « Seigneur, écoute mon cri ... ».
3. **Je prie** : Lire individuellement en silence une troisième fois le psaume. Lire lentement ensemble la prière, prendre un temps de silence.
   Finir ce temps en disant ensemble la prière du « Notre Père ». Introduire par : *« Jésus, Tu as connu la souffrance sur la croix, tu es mort et ressuscité. En te confiant nos problèmes et en pensant à ceux qui souffrent, Tu nous invites à nous tourner avec confiance vers ton Père en disant : Notre Père... »*

CD DVD CHANT : « Compagnons de tendresse » 2:14

@ N'oubliez pas d'inviter les enfants à aller sur le site des *Nathanaël* : www.les-nathanael.com !

CHEMINER POUR TÉMOIGNER

Se préparer à la Rencontre 1

DVD CATÉCHISTE PRÉSENTATION

- **Lire la Parole de Dieu (Ps 142).**
- **Questions pour cheminer :**
  - **Quels mots ou expressions du psalmiste m'interpellent ?**
  - **Qu'évoquent-ils en moi ?**

DVD CATÉCHISTE REGARD DE BIBLISTES

PAROLE DE DIEU

1 *Instruction de David. Prière quand il était dans la caverne.*

2 À pleine voix, je crie vers le SEIGNEUR ; à pleine voix, je supplie le SEIGNEUR. Je répands devant lui ma plainte, devant lui j'expose ma détresse.

3 Quand je suis à bout de souffle, c'est toi qui sais où je vais : sur la route où je marche, on m'a tendu un piège.

4 Regarde à droite et vois : personne qui me reconnaisse ! Plus de refuge pour moi, personne qui ait souci de ma vie !

5 J'ai crié vers toi, SEIGNEUR ! en disant : « C'est toi mon asile, ma part sur la terre des vivants ! »

6 Sois attentif à mes cris, car je suis si faible ! Délivre moi de mes persécuteurs, car ils sont plus forts que moi.

5 J'ai crié vers toi, SEIGNEUR ! en disant : « C'est toi mon asile, ma part sur la terre des vivants ! »

7 Sors moi de ma prison pour que je célèbre ton nom. Autour de moi les justes feront cercle quand tu m'auras fait du bien.

Ps 142 (TOB)

REGARD DE THÉOLOGIENNE

OÙ EST DIEU FACE À LA SOUFFRANCE ?

Cette question est universelle. La Bible se la pose. Les croyants de toutes les religions se la posent. Et certaines personnes via la littérature, répondent que Dieu n'existe pas. Car si Dieu existe et qu'il permet la souffrance alors ce dieu là est insupportable.

La Bible, à travers de grands textes comme entre autre le livre de Job, répond que Dieu se fait présent à l'homme et aux peuples qui souffrent. Se faire présent ne veut pas dire enlever sa souffrance mais s'en faire le compagnon. À l'instar de nos amis qui nous sont foncièrement utiles parce qu'ils viennent donner du goût à nos vies, et qui, en même temps, en cas de malheur, ne peuvent se substituer à vous. Vos amis peuvent être présents à ce que vous vivez, vont s'en faire proche mais malheureusement ne pourront pas enlever la situation de deuil, de maladie, de perte d'emploi qui est la vôtre. L'amitié de Dieu est de cet ordre là.

Le souci du peuple croyant est de rendre compte, alors même que la souffrance a sans doute toujours été présente dans l'humanité, que nous pouvons pourtant confesser que Dieu est bon. Et donc que la bonté précède la souffrance comme elle précède le mal. Des peuples entiers, des individus, des personnes ont dans toute leur vie des histoires de malheur, souvent mêlées à des drames, des violences subies. Entendre que la bonté précède le malheur, peut être une violence supplémentaire, et pourtant c'est ce que confesse la foi. L'humain peut trouver en lui et autour de lui une ressource, une sorte de fondation, y compris quand on n'y a jamais goûté. Pour les chrétiens, le Dieu créateur est bon et la bonté précède l'histoire de la violence et du malheur qui va suivre.

Tout le souci de la transmission est de faire goûter à des enfants, des jeunes, des adultes, que la foi peut être cette force en eux, pour recourir à cette bonté. Par exemple, ils peuvent pratiquer la justice, y compris s'ils n'ont vécu que dans le mensonge ou la souffrance. Ce n'est pas parce que j'ai vécu dans le malheur jusqu'à maintenant, que jusqu'à la fin de mes jours, je serai condamnée à la souffrance. Ce que la foi chrétienne annonce, c'est que l'humain, parce qu'il est habité de la force de l'Esprit peut toujours, modérément bien sûr, changer le cours de son histoire.

D'après l'entretien avec Véronique Margron
(doyen de la faculté de théologie de l'Université Catholique de l'Ouest)

Rencontre 2

pp. C-D et 3-4

Objectifs :

- Regarder les gestes et paroles de Jésus face à une personne qui souffre.
- Méditer l'annonce par Jésus de sa passion.
- Suivre Jésus dans sa souffrance, sa mort et sa résurrection.

Jésus ne fait pas de discours sur la souffrance, il touche le lépreux ! Il brise toutes les conventions et barrières de son époque, pour se faire proche de celui qui souffre.

Il annonce aussi à ses disciples que son chemin sera fait de souffrance. Pierre exprime spontanément le rejet de cette éventualité. Mais Jésus le rudoie. Dieu, en Jésus, choisit de rejoindre l'homme au plus profond de sa souffrance physique, psychologique et spirituelle.

Dieu connaît les souffrances de l'homme. À travers son Fils, il a le visage d'un homme frappé, torturé et crucifié. Mais Jésus l'annonce aussi : la souffrance et la mort n'auront pas le dernier mot. La vie et l'amour seront les plus forts.

DVD JÉSUS FACE À LA SOUFFRANCE 5:43
Les « Nathanaël » rendent visite au Père Denis Ledogar. Ils lui posent des questions sur la souffrance.

C — Jésus face à la souffrance

1. Recomposer le texte dans le bon ordre en plaçant les autocollants au bon endroit.
2. Lire personnellement le texte deux fois puis fermer le « Carnet Découverte ».

3 — Il touche le lépreux !

1. Le « Carnet Découverte » fermé, répondre aux questions.
2. Ouvrir le « Carnet Découverte » et faire ensemble les corrections.

   Réponses :
   - *Une maladie de la peau mortelle qui se transmet.*
   - *Les deux bulles qu'aurait pu dire la foule qui suivait Jésus : « Il n'a rien à faire ici… » ; « C'est dangereux… »*
   - *Quel geste fait le lépreux devant Jésus ? Il se met à genoux.*
   - *Que demande le lépreux à Jésus ? Si tu le veux, tu peux me guérir.*
   - *Que fait Jésus ? Il touche le lépreux.*
3. ENTRE NOUS… Lancer l'échange autour des questions : qu'est-ce qui est étonnant dans la rencontre entre Jésus et le lépreux ? Qu'est-ce que cette rencontre nous montre de Jésus ?
4. ET MOI ? Demander aux enfants de s'interroger sur : quel est mon attitude face à une personne qui souffre ? Je vais vers elle ou je fuis ?

D — Je vais beaucoup souffrir

1. Lire l'Évangile de Mt 16, 21-24 à 3 voix : narrateur, Jésus et Pierre.
2. **J'observe** :
   Présenter la démarche aux enfants : le catéchiste va lire chaque question et chacun y répondra personnellement, en lui-même, en silence.
   Puis les enfants ferment les yeux et le catéchiste lit doucement chaque question en laissant un temps de silence entre elles : À qui s'adresse Jésus ? Qu'est-ce qu'il annonce ? Comment réagit Pierre ? Que fait-il ? La réaction de Pierre est-elle normale ? Comment réagit Jésus ?
3. **Je médite** : Demander aux enfants de relire personnellement le texte.
   Lire lentement les questions suivantes aux enfants : comment ce passage de l'Évangile rejoint ce que tu vis ? Que veut dire pour toi ces paroles de Jésus ? Inviter les enfants à méditer en silence ces questions puis ceux qui le souhaitent peuvent partager leur réflexion.
   Après ce temps d'échange, demander aux enfants d'écrire comment Dieu les rejoint page 6 dans l'espace « Je sais que Tu me rejoins … ».
4. **Je prie** : Demander aux enfants de répéter lentement et personnellement une phrase qui les attire particulièrement, puis s'ils le souhaitent, de la lire à voix haute.
   Finir ce temps en disant ensemble la prière du « Notre Père ».

DVD JÉSUS SOUFFRE 5:31
Les « Nathanaël » vivent la semaine sainte.

4 — Mort et résurrection

1. Tracer les étapes de l'entrée de Jésus à Jérusalem à l'annonce de sa résurrection.

CD DVD CHANT : « Compagnons de tendresse » 2:14

@ N'oubliez pas d'inviter les enfants à aller sur le site des *Nathanaël* : www.les-nathanael.com !

CHEMINER POUR TÉMOIGNER

Se préparer à la Rencontre 2

DVD CATÉCHISTE PRÉSENTATION

- Lire la Parole de Dieu (Mt 16, 21-28).
- Questions pour cheminer :
  - Observez le dialogue entre Jésus et Pierre : Pourquoi Pierre réagit-il ainsi ? Que lui répond Jésus ?
  - « Si quelqu'un veut venir à ma suite, qu'il se renie lui-même et prenne sa croix, et qu'il me suive. » Comment comprenez-vous cette parole de Jésus ?

DVD CATÉCHISTE REGARD DE BIBLISTES

PAROLE DE DIEU

21 À partir de ce moment, Jésus-Christ commença à montrer à ses disciples qu'il lui fallait s'en aller à Jérusalem, souffrir beaucoup de la part des anciens, des grands prêtres et des scribes, être mis à mort et, le troisième jour, ressusciter.

22 Pierre, le tirant à part, se mit à le réprimander, en disant : « Dieu t'en préserve, Seigneur ! Non, cela ne t'arrivera pas ! »

23 Mais lui, se retournant, dit à Pierre : « Retire toi ! Derrière moi, Satan ! Tu es pour moi occasion de chute, car tes vues ne sont pas celles de Dieu, mais celles des hommes. »

24 Alors Jésus dit à ses disciples : « Si quelqu'un veut venir à ma suite, qu'il se renie lui-même et prenne sa croix, et qu'il me suive.

25 En effet, qui veut sauvegarder sa vie, la perdra ; mais qui perd sa vie à cause de moi, l'assurera.

26 Et quel avantage l'homme aura-t-il à gagner le monde entier, s'il le paie de sa vie ? Ou bien que donnera l'homme qui ait la valeur de sa vie ?

27 Car le Fils de l'homme va venir avec ses anges dans la gloire de son Père ; et alors il rendra à chacun selon sa conduite.

28 En vérité, je vous le déclare, parmi ceux qui sont ici, certains ne mourront pas avant de voir le Fils de l'homme venir comme roi. »

Mt 16, 21-28 (TOB)

REGARD DE THÉOLOGIENNE

COMMENT JÉSUS RÉAGIT-IL À LA SOUFFRANCE ?

La première réaction de Jésus face à la souffrance est de la guérir. Les Évangiles nous racontent nombre d'épisodes où Jésus va guérir un paralytique, va donner à manger à une foule, va guérir un aveugle, va même relever de la mort, dans l'Évangile de Jean, son ami Lazare... Il guérit la souffrance physique des corps, et par là-même la souffrance morale car en Israël les malades, particulièrement les lépreux, sont mis au banc de la société. Les remettre en bonne santé, c'est aussi leur redonner des liens humains et les remettre en place dans leur communauté. Jésus guérit mais il guérit pour dire quelque chose. Il dit que Dieu est proche. Il rend compte que le Dieu que beaucoup croyait loin, est tout proche.

Jésus dit aussi que la souffrance doit être combattue puisque lui-même la combat afin que l'humain soit debout, le plus unifié possible. Il y a dans l'annonce du message du Christ, quelque chose qu'on traduit par le mot « Évangile ». Cette « Bonne Nouvelle » touche les personnes humaines et donc touche aussi les corps.

De plus, Jésus va, et donc par là-même son Père, se faire compagnon de la détresse de l'humanité. Tout d'abord simplement parce que le Verbe se fait chair, parce que le Christ se fait homme. Devenir homme c'est partager la condition humaine la plus ordinaire avec, comme toute vie, des limites mais aussi des souffrances, des difficultés. Jésus va partager cela au quotidien, comme un compagnonnage ordinaire, il n'est pas un surhomme.

Le Père au moment de la mort de son fils est présent mais pas comme un magicien qui ferait tomber une légion d'anges pour enlever les clous des mains et des pieds de son fils. Il faut aussi enlever de nos têtes que le Père aurait voulu que son Fils souffre, parce que cela est odieux. Nous aurions alors un dieu pervers. Ce qu'a voulu le Père c'est que le fils rende compte d'un Dieu qui s'approche de l'humain. La vie de Jésus étant la vie d'un véritable homme, le Père ne va pas physiquement intervenir, pas plus que dans votre vie ou dans la mienne. S'il y avait une intervention divine, alors Jésus ne serait plus un homme et nous ne pourrions plus croire en l'Incarnation. Il faut aller jusqu'au bout de la confession de foi. On ne peut pas en même temps être heureux d'avoir un Dieu si proche puisqu'il s'est fait l'un de nous et se demander dans les pires moments « qu'est-ce que Dieu fait ? ». Dieu aime son fils, mais pas plus que nous ou tout homme de tout temps. La question, c'est à nous qu'elle est posée : De qui nous faisons-nous proches ? De quelle souffrance sommes-nous proches ? De quel homme-souffrance sommes-nous proches ? En être proche, c'est croire que Dieu s'en fait proche, mais il ne peut pas s'en faire proche sans vous et moi.

D'après l'entretien avec Véronique Margron
(doyen de la faculté de théologie de l'Université Catholique de l'Ouest)

Rencontre 3

pp. E-F et 5-6

Objectifs :

- Se laisser interpeller par la présence d'un prêtre en milieu hospitalier auprès de malades.
- S'approprier des attitudes chrétiennes face à la souffrance.

Jésus nous rejoint au cœur de nos souffrances. Son exemple ouvre un chemin d'humilité et d'amour qui transforme nos relations aux autres.

Le Père Denis Ledogar témoigne de ce chemin au côté de personnes qui souffrent en milieu hospitalier. Au nom du Christ, il accueille, parle, écoute, touche, accompagne, console et réconforte. Il est surnommé « Denis la tendresse ».

Sa présence dit sans doute la tendresse de Dieu pour toute personne souffrante. Il nous fait aussi découvrir les attitudes à vivre à la suite du Christ, aux côtés de nos frères marqués par la souffrance et au cœur de nos souffrances personnelles.

DVD DENIS LA TENDRESSE 7:08
Les « Nathanaël » découvrent comment « Denis la Tendresse » accompagne les gens qui souffrent.

E — La tendresse de Dieu

1. ENTRE NOUS... Lancer l'échange autour des questions : quels sont les gestes ou paroles qui te surprennent dans ce reportage ? Que fait le Père Denis à l'hôpital ? Comment est-il surnommé ? Pourquoi selon toi ?

5 — Proche de ceux qui souffrent

1. Retrouver dans les mots mêlés 7 attitudes à vivre à la suite du Christ face à la souffrance. Puis écrire pour chaque photographie l'attitude qu'elle illustre.

   Réponses :
   - page de gauche : réconforter, écouter
   - page de droite : toucher, prier, célébrer, parler, être présent

2. Lire le Zoom sur le sacrement des malades.

F — Face à la souffrance

DVD ÊTRE COMPAGNONS DE TENDRESSE 2:43
Les « Nathanaël » rejoignent la tante de Thao qui rend visite aux personnes seules.

1. Placer à côté des photos les autocollants des attitudes que l'enfant voudrait vivre à la suite de Jésus-Christ face à ces souffrances.

6 — Écoute mon cri

1. PRIÈRE Demander aux enfants d'écrire une prière sur la confiance dans le dernier espace « Je Te fais confiance ... »
2. Se rassembler autour du coin prière. Allumer une bougie. Commencer le temps de prière en faisant le signe de croix.
3. Prière d'introduction : *« Seigneur, nous nous tournons vers toi avec confiance. Écoute les cris que nous te confions... »*
4. Demander aux enfants qui le souhaitent de partager la prière qu'ils ont écrite sur l'ensemble des 3 rencontres.
   Dire ensemble la prière du « Notre Père ».

CD DVD CHANT : « Compagnons de tendresse » 2:14

N'oubliez pas d'inviter les enfants à aller sur le site des *Nathanaël* : www.les-nathanael.com !

Il est possible, lors de cette rencontre, de faire intervenir des témoins locaux qui accompagnent les malades.

Se préparer à la Rencontre 3

DVD CATÉCHISTE PRÉSENTATION

- Lire la Parole de Dieu (Rm 12, 1-21).
- Questions pour cheminer :
  - Comment comprenez-vous l'exhortation de Paul « à vous offrir vous-mêmes en sacrifice vivant, saint et agréable à Dieu : ce sera là votre culte spirituel » ?
  - Comment réagissez-vous à ses différentes prescriptions ?

DVD CATÉCHISTE REGARD DE BIBLISTES

PAROLE DE DIEU

1 Je vous exhorte donc, frères, au nom de la miséricorde de Dieu, à vous offrir vous-mêmes en sacrifice vivant, saint et agréable à Dieu : ce sera là votre culte spirituel.

2 Ne vous conformez pas au monde présent, mais soyez transformés par le renouvellement de votre intelligence, pour discerner quelle est la volonté de Dieu : ce qui est bien, ce qui lui est agréable, ce qui est parfait. (...)

9 Que l'amour soit sincère. Fuyez le mal avec horreur, attachez-vous au bien.

10 Que l'amour fraternel vous lie d'une mutuelle affection ; rivalisez d'estime réciproque.

11 D'un zèle sans nonchalance, d'un esprit fervent, servez le Seigneur.

12 Soyez joyeux dans l'espérance, patients dans la détresse, persévérants dans la prière.

13 Soyez solidaires des saints dans le besoin, exercez l'hospitalité avec empressement.

14 Bénissez ceux qui vous persécutent ; bénissez et ne maudissez pas.

15 Réjouissez vous avec ceux qui sont dans la joie, pleurez avec ceux qui pleurent.

16 Soyez bien d'accord entre vous : n'ayez pas le goût des grandeurs, mais laissez vous attirer par ce qui est humble. Ne vous prenez pas pour des sages.

17 Ne rendez à personne le mal pour le mal ; ayez à cœur de faire le bien devant tous les hommes.

18 S'il est possible, pour autant que cela dépend de vous, vivez en paix avec tous les hommes.

19 Ne vous vengez pas vous-mêmes, mes bien-aimés, mais laissez agir la colère de Dieu, car il est écrit : A moi la vengeance, c'est moi qui rétribuerai, dit le Seigneur.

20 Mais si ton ennemi a faim, donne lui à manger, s'il a soif, donne lui à boire, car, ce faisant, tu amasseras des charbons ardents sur sa tête.

21 Ne te laisse pas vaincre par le mal, mais sois vainqueur du mal par le bien.

Rm 12 (TOB)

REGARD DE THÉOLOGIENNE

QUELLE ATTITUDE CROYANTE FACE À LA SOUFFRANCE ?

On pourrait presque répondre : on fait ce qu'on peut, parce qu'on sait bien combien la souffrance nous change. Il y a une sorte de modestie, d'humilité pour soi-même car on ne sait pas comment on réagira face à la souffrance. On sait comment on a réagi face à telle souffrance, mais ça ne nous dit pas comment on réagira face à une autre. De plus il faut se souvenir qu'on est face à du mystère, à ce que foncièrement on ne comprend pas.

On peut quand même faire au moins deux choses :

La première est la solidarité dans la foi. La prière est essentielle. Par rapport aux détresses du monde, si notre foi est un minimum consistante, il y a une obligation de se retourner vers Dieu, y compris pour lui dire qu'on ne comprend pas et qu'on est scandalisé. Il ne faut pas oublier que la prière des Psaumes est pour moitié une prière de plaintes et que le livre de Job est pour les trois quarts un livre de plaintes. Donc il est normal que nous puissions nous plaindre que se plaindre c'est se plaindre à quelqu'un. Ce qui compte c'est ce « à quelqu'un ».

La deuxième chose c'est se demander de quel « homme-souffrance » puis-je me faire charnellement proche. On ne peut pas être proche de tous les malheurs du monde. Chaque chrétien doit se demander de qui il est solidaire. Il n'y a pas besoin d'être solidaire de toutes les personnes puisqu'on ne le peut pas de toute façon, mais il faut absolument qu'on le soit de quelques-unes. Mener un combat pour que l'homme peine moins dans sa vie : restaurer de la justice, restaurer du soin... Tout cela participe à construire des humanités plus apaisées.

Donc deux attitudes : la prière avec toutes nos questions sans rien omettre, Dieu peut tout entendre, et cette solidarité concrète avec des visages que l'on peut regarder, que l'on peut nommer.

D'après l'entretien avec Véronique Margron
(doyen de la faculté de théologie de l'Université Catholique de l'Ouest)

Rencontre KT Dimanche

Objectifs :

- Vivre un temps de partage sur la souffrance de manière intergénérationnelle.
- Repérer les différentes attitudes chrétiennes face à la souffrance.
- Écrire une prière universelle.

MATÉRIEL

- Photocopies recto-verso des pages 15-16
- Bibles (demander aux participants d'amener leur Bible si possible)
- Stylos
- Feuilles

@ Vous trouverez les annexes et une invitation au KT-Dimanche à télécharger sur le site internet catéchiste : www.les-nathanael.com

Accueil

1. Introduire ce temps de rencontre, en soulignant combien il est difficile d'aborder la souffrance. Elle nous touche tous individuellement et collectivement. Elle nous blesse, nous meurtrit, nous révolte. Nous voudrions l'éviter ou l'éviter à nos proches mais elle semble inhérente à notre condition humaine. La souffrance questionne notre foi : pourquoi Dieu permet-il la souffrance ? Pourquoi semble-t-il si silencieux face à la souffrance des hommes ? Puisque la souffrance n'épargne personne, où est Dieu ?

Temps personnel

1. Mettre des Bibles à disposition si nécessaire.
2. Proposer à chacun de vivre un temps personnel. Distribuer à chacun des stylos et un signet (photocopies recto-verso pp. 15-16) avec les questions suivantes : quelles questions me pose la souffrance ? Quelles sont mes attitudes face à la souffrance ? Comment la souffrance interroge ma foi ? Quel texte de la Parole de Dieu me soutient dans les moments difficiles ? Pourquoi ?

Partage en équipe

1. La communauté se partage en groupes de 8. Chaque groupe doit choisir un animateur qui veillera à une bonne régulation de la parole. Veiller à constituer des groupes spécifiques pour les enfants et les jeunes adolescents. Ces groupes seront animés par des adultes choisis préalablement et capables de les accompagner dans leur questionnement.
2. Prendre un temps d'écoute mutuel à partir de chacune des questions.
3. Partager à partir des expressions du groupe.

En communauté

1. Les groupes se retrouvent pour visionner le témoignage du Père Denis Ledogar.

DVD DENIS LA TENDRESSE 3:49
Reportage sur Denis Ledogar, aumônier à l'hôpital de Strasbourg. Il accompagne les malades.

2. À partir du reportage, engager un dialogue à partir des questions suivantes : quelles paroles ou gestes m'ont touché ? Quelles attitudes chrétiennes face à la souffrance ai-je repéré ? Qu'est-ce que cela me dit pour moi aujourd'hui ?
3. Chacun est invité à écrire une prière universelle pour la célébration eucharistique. Ces prières seront ramassées dans une corbeille.
4. Avant la célébration eucharistique, le temps de rencontre qui vient d'être vécu sera présenté à l'ensemble de la communauté. 4 ou 5 prières choisies préalablement seront lues lors de la prière universelle.

CD DVD CHANT : « Compagnons de tendresse » 2:14

Quelles questions me pose la souffrance ?

Quelles sont mes attitudes face à la souffrance ?

Comment la souffrance interroge ma foi ?

Quel texte de la Parole de Dieu me soutient dans les moments difficiles ? Pourquoi ?

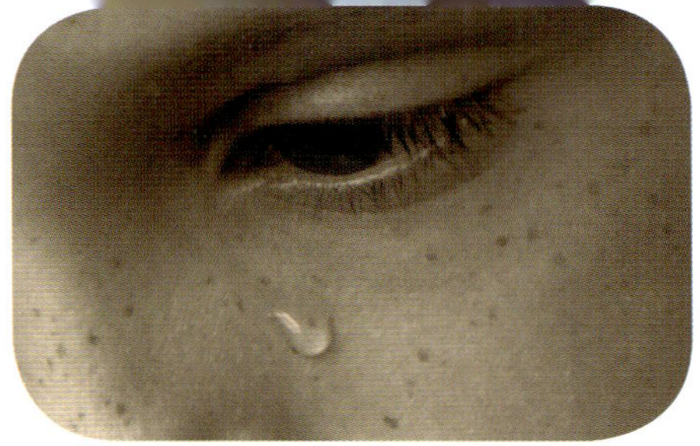

Quelles questions me pose la souffrance ?

Quelles sont mes attitudes face à la souffrance ?

Comment la souffrance interroge ma foi ?

Quel texte de la Parole de Dieu me soutient dans les moments difficiles ? Pourquoi ?

Quelles questions me pose la souffrance ?

Quelles sont mes attitudes face à la souffrance ?

Comment la souffrance interroge ma foi ?

Quel texte de la Parole de Dieu me soutient dans les moments difficiles ? Pourquoi ?

Quelles questions me pose la souffrance ?

Quelles sont mes attitudes face à la souffrance ?

Comment la souffrance interroge ma foi ?

Quel texte de la Parole de Dieu me soutient dans les moments difficiles ? Pourquoi ?

CHANT

Compagnons de tendresse

1 Elle est autour de nous
Et parfois dans nos vies
La souffrance est partout
Elle vient sans prévenir.
On veut parmi les coups
Supporter, soutenir
Comme Jésus...

Refrain

Soyons des compagnons,
Aidons ceux qui souffrent
Écoutons, entourons
Avec beaucoup d'amour
Soyons des compagnons
Aidons ceux qui souffrent
Prions, réconfortons,
Avec beaucoup d'amour.

2 Pourquoi la maladie,
La violence et la mort ?
On se sent démuni
On voudrait être fort.
Mais on peut dans la vie
Donner du réconfort.
Comme Jésus...

3 Donner un peu de temps
Quand des gens sont tout seuls
C'est bien d'être présent,
Parole qui console.
Et donner simplement
La tendresse de Dieu.
Comme Jésus...

Paroles : P.Lauriou
Musique : C. Bossé

CHANT
Compagnons de tendresse
1 Elle est autour de nous
Et parfois dans nos vies
La souffrance est partout
Elle vient sans prévenir.
On veut parmi les coups
Supporter, soutenir
Comme Jésus...
Refrain
Soyons des compagnons,
Aidons ceux qui souffrent
Écoutons, entourons
Avec beaucoup d'amour
Soyons des compagnons
Aidons ceux qui souffrent
Prions, réconfortons,
Avec beaucoup d'amour.
2 Pourquoi la maladie,
La violence et la mort ?
On se sent démuni
On voudrait être fort.
Mais on peut dans la vie
Donner du réconfort.
Comme Jésus...
3 Donner un peu de temps
Quand des gens sont tout seuls
C'est bien d'être présent,
Parole qui console.
Et donner simplement
La tendresse de Dieu.
Comme Jésus...
Paroles : P.Lauriou
Musique : C. Bossé
© Mediaclap

CHANT
Compagnons de tendresse
1 Elle est autour de nous
Et parfois dans nos vies
La souffrance est partout
Elle vient sans prévenir.
On veut parmi les coups
Supporter, soutenir
Comme Jésus...
Refrain
Soyons des compagnons,
Aidons ceux qui souffrent
Écoutons, entourons
Avec beaucoup d'amour
Soyons des compagnons
Aidons ceux qui souffrent
Prions, réconfortons,
Avec beaucoup d'amour.
2 Pourquoi la maladie,
La violence et la mort ?
On se sent démuni
On voudrait être fort.
Mais on peut dans la vie
Donner du réconfort.
Comme Jésus...
3 Donner un peu de temps
Quand des gens sont tout seuls
C'est bien d'être présent,
Parole qui console.
Et donner simplement
La tendresse de Dieu.
Comme Jésus...
Paroles : P.Lauriou
Musique : C. Bossé
© Mediaclap

CHANT
Compagnons de tendresse
1 Elle est autour de nous
Et parfois dans nos vies
La souffrance est partout
Elle vient sans prévenir.
On veut parmi les coups
Supporter, soutenir
Comme Jésus...
Refrain
Soyons des compagnons,
Aidons ceux qui souffrent
Écoutons, entourons
Avec beaucoup d'amour
Soyons des compagnons
Aidons ceux qui souffrent
Prions, réconfortons,
Avec beaucoup d'amour.
2 Pourquoi la maladie,
La violence et la mort ?
On se sent démuni
On voudrait être fort.
Mais on peut dans la vie
Donner du réconfort.
Comme Jésus...
3 Donner un peu de temps
Quand des gens sont tout seuls
C'est bien d'être présent,
Parole qui console.
Et donner simplement
La tendresse de Dieu.
Comme Jésus...
Paroles : P.Lauriou
Musique : C. Bossé
© Mediaclap

Compagnons de tendresse

Paroles : P. Lauriou
Musique et arrangements : C. Bossé

1- Elle est autour de nous
Et parfois dans nos vies
La souffrance est partout
Elle vient sans prévenir.
On veut parmi les coups
Supporter, soutenir
Comme Jésus…

Refrain

Soyons des compagnons,
Aidons ceux qui souffrent
Écoutons, entourons
Avec beaucoup d'amour
Soyons des compagnons
Aidons ceux qui souffrent
Prions, réconfortons,
Avec beaucoup d'amour.

2- Pourquoi la maladie,
La violence et la mort ?
On se sent démuni
On voudrait être fort.
Mais on peut dans la vie
Donner du réconfort.
Comme Jésus…

3- Donner un peu de temps
Quand des gens sont tout seuls
C'est bien d'être présent,
Parole qui console.
Et donner simplement
La tendresse de Dieu.
Comme Jésus…

NOTES

NOTES

Ce module fait partie des 18 modules

Nathanaël

- « Je crois en Dieu »
- « Messagers de PAIX »
- « Enfants de Dieu »
- « Jésus est vivant ! »
- « En alliance avec Dieu »
- « Jésus-Christ, homme et Dieu »
- « La vigne de Dieu »
- « Dieu et la souffrance »
- « Paroles de vie »
- « Jésus sauveur »
- « Jésus pain de vie »
- « Le pardon de Dieu »
- « Vivre l'eucharistie »
- « Viens Esprit Saint ! »
- « Qui est mon prochain ? »
- « Dieu est amour »
- « Dieu appelle »
- « Dieu créateur »

Chaque module comprend :

- **1 Carnet KT**
  - + DVD-CD
  - + Bricolage
  - + Code d'accès sur le site enfant www.les-nathanael.com
- **1 Livret Catéchiste**
  - + DVD-CD
  - + Poster
  - + Code d'accès sur le site catéchiste www.les-nathanael.com

Par le même éditeur

Les Aventures d'Anne et Léo

Les documents de culture chrétienne *Les Aventures d'Anne et Léo* peuvent s'utiliser en articulation avec les modules *Nathanaël*.

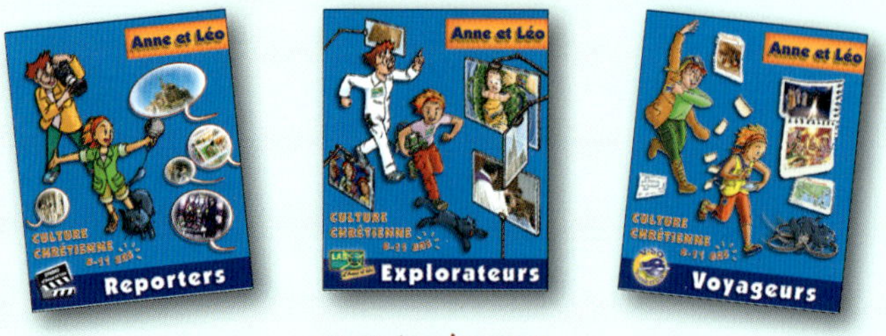

3 aventures

Toutes les informations sur :

www.editions-mediaclap.fr